SUAS DECISÕES MUDAM O SEU **DESTINO**

SUAS DECISÕES MUDAM O SEU **DESTINO**

Djair Daltro

Capa Hexa Editora

Diagramação Hexa Editora

Revisão Hexa Editora

Conselho editorial Áthila Pereira Pelá
Adelson Luiz Melo dos Santos

Catalogação na publicação
Elaborada por Bibliotecária Janaina Ramos – CRB-8/9166

D152s Daltro, Djair

Suas decisões mudam o seu destino / Djair Daltro. – São Paulo: Hexa, 2024.

82 p.; 14 X 21 cm

ISBN 978-65-85343-22-0

1. Técnicas de autoajuda - Aspectos religiosos - Cristianismo. I. Daltro, Djair. II. Título.

CDD 248.4

Índice para catálogo sistemático

I. Técnicas de autoajuda - Aspectos religiosos - Cristianismo

Impresso no Brasil
Printed in Brazil

Eu quero dedicar este livro a todos os leitores que se debruçaram sobre ele e, em cada página lida, ouviram a voz do Senhor soar em seus ouvidos e sentiram os cuidados de Deus nos mínimos detalhes para com as vossas vidas, pois este livro foi feito como um mecanismo para nos advertir de acordo com as Escrituras Sagradas a respeito das nossas decisões e suas consequências.

Não teria ninguém melhor para dedicar esta obra que não fossem vocês, leitores, a vocês eu dedico este livro e espero que ele seja como uma bússola que te guie pelos caminhos das decisões, não te deixando se perder nesta tão longa e difícil caminhada. Eu acredito que, por meio deste livro, Deus irá impactar a sua vida te fazendo crescer ainda mais na graça e no conhecimento, Deus os abençoe ricamente.

Agradecimentos

Eu quero externar a minha gratidão ao meu grande e poderoso Deus, por Ele ter me concedido o privilégio de poder criar esta obra e nela poder falar da verdade absoluta que é a Sagrada Escritura, sou grato ao meu Deus por Sua misericórdia para comigo e pelo Seu amor incondicional.

Quero também agradecer a minha família que é o meu porto seguro e minha fonte de inspiração. A minha linda esposa, Josilene Daltro, e minha linda filha, Jeiselene Daltro, pelo apoio, encorajamento, incentivo e por acreditarem na minha capacidade de poder escrever mais esta obra.

E por último, mas não menos importante, quero expressar a minha gratidão ao pastor Mário Mota e à missionária Lucy Mota, este casal que foi e permanece sendo um canal de bênção na minha vida e na minha família. Louvo a Deus pela vida deste casal que lutou sem descansar para me trazer de volta aos braços do Pai, sei que um alto preço foi pago por eles para que eu pudesse estar aqui hoje.

A palavra é gratidão.

Sumário

Prefácio

O objetivo deste livro é advertir os leitores a respeito deste tão grande poder que possuímos chamado de decisão.

A decisão é como uma caneta de tinta permanente que escreve o nosso futuro definindo o nosso destino. Vale a pena ressaltar que uma decisão tomada segue as consequências, consequências estas muitas das vezes dolorosas, trágicas e irreversíveis, assim como iremos ver na narrativa deste livro.

Esta obra irá nos apresentar muitas histórias de pessoas que, com suas decisões, mudaram os seus destinos, alguns de forma trágica e outros de forma gloriosa. Por este motivo, este livro vem como um divisor de águas para nos fazer compreender que o nosso destino será definido pelas nossas decisões.

Este livro também vem deixando bem claro que existe uma grande diferença entre uma decisão e uma escolha. Eu acredito que a cada página lida deste livro, irá mudar a perspectiva de vida dos leitores, pois, depois deste livro, suas decisões serão tomadas com mais responsabilidade e cuidado, pois o nosso destino é o reflexo das nossas decisões.

Djair Daltro

Introdução

A vida não é eterna, é passageira, é limitada, dura apenas um pouco de tempo. Em um momento existe vida, em seguida, chega a morte, não sabemos exatamente quanto tempo temos de vida.

Olhando dessa forma, percebemos que a nossa maior Riqueza é o nosso tempo de vida; e como temos administrado essa tão grande Riqueza?

Entre todos os seres vivos da Terra, somente a um (o Criador) deu o poder da escolha, o poder da decisão, conhecido como o livre-arbítrio. Verdade é que nem todos conhecem o poder que está em suas mãos e, por desconhecerem que têm em suas mãos tão grande poder, acabam destruindo todo este Tesouro, conhecido como o tempo de vida.

A todo o ser vivente da Terra, Deus deu um limite de tempo para viver, mas somente ao ser humano, o Criador deu a oportunidade de escolher como viver este tempo. Vale a pena ressaltar que nem todos levam em conta o limite da vida e acabam desperdiçando parte desse tempo tão precioso. É necessário compreender que o tempo, depois que passa, não volta mais, por isso, precisamos aprender a administrar essa tão grande Riqueza que possuímos e que tem um limite, Riqueza esta conhecida como "tempo de vida", porque cada minuto perdido hoje nos fará falta amanhã. Mas, para aprendermos a administrar essa nossa tão grande Riqueza, precisamos compreender que precisa existir um equilíbrio entre a emoção e a razão, quando aprendermos isso, começaremos a aprender a administrar o nosso tão precioso tempo.

Enquanto não entendemos e nem possuímos esse equilíbrio, damos à emoção o controle da situação e quando a emoção assume esse controle, muitas das vezes tomamos decisões que nos levará a arrependermos no futuro, e este arrependimento nada mais é que desperdício de tempo. Por isso, precisamos ter muito cuidado ao tomarmos uma decisão, pois uma simples decisão tomada no calor da emoção pode te fazer perder parte do seu precioso tempo de vida, e depois da má decisão tomada, não adianta pensar "ah, se eu pudesse voltar no tempo, com certeza eu não tomaria a decisão que eu tomei". A decisão foi tomada e não pode ser revogada; então você precisa entender que suas decisões mudam o seu destino.

E é exatamente sobre isso que eu quero te advertir, a respeito das decisões que você tem tomado ou as que você ainda tomará: não desperdice o seu tempo tomando decisões impensadas no calor da emoção ou por emoção. Antes de tomar qualquer decisão, pare, pense, analise e só então tome a tal decisão, porque é esta decisão, que tomada hoje, que escreverá o seu destino de amanhã, ou seja, a sua decisão de hoje é a caneta que escreverá o seu destino de amanhã. Eu volto a afirmar, as suas decisões mudam o seu destino.

Nossa jornada na vida é marcada por uma série de decisões que tomamos ao longo do caminho. Essas escolhas moldam nosso destino, influenciam nossos resultados e definem quem somos como indivíduos. É como a antiga sabedoria que diz: "Somos o resultado das nossas escolhas.".

Você já se perguntou por que algumas pessoas parecem estar satisfeitas com a vida que levam, enquanto outras estão constantemente em busca de crescimento e desafio? A resposta está na maneira como encaramos as decisões e como elas impactam em nossos objetivos e na nossa jornada.

No entanto, existe um grupo de pessoas que está ávido por uma vida de crescimento e evolução. Para elas, cada ação, cada escolha e cada esforço têm um propósito claro. Elas entendem que, ao buscar constantemente o desenvolvimento pessoal e profissional, estão moldando seu futuro de forma significativa.

Assim, essas pessoas não se abalam com os obstáculos ou com os tropeços ao longo do caminho. Para elas, cada desafio é uma oportunidade de aprendizado e crescimento.

Além disso, seu comprometimento com seus objetivos é maior do que qualquer erro cometido, porque enxergam um propósito maior.

Um certo filósofo, em um certo momento, disse a seguinte frase: "Você tem o direito de escolher o que plantar, mas não tem o direito de escolher o que vai colher, porque você colherá exatamente aquilo que plantar." Isso deixa bem claro o quanto uma decisão pode interferir no seu destino.

Os desafios, as oportunidades e as tomadas de decisão são fatos constantes do dia a dia de muitos seres humanos. Basta observar o seu cotidiano. Podem ser questionamentos mais simples como "ir ou não à academia", "dormir mais cedo e acordar mais disposto ou ficar acordado até tarde", "comer ou não sobremesa", e assim vai. E, obviamente, algumas decisões são mais complexas, tais como "comprar uma casa ou não", "ter filhos ou não", "trocar de emprego ou ficar na zona de conforto", "abrir um empreendimento ou não", entre outros.

O poder de decisão é essencial para manter a saúde física e mental, mas nem sempre é uma tarefa fácil. Em situações mais complexas, tomar um veredito exige tempo, discernimento e análise. Além disso, em alguns casos, as consequências podem ser altamente prejudiciais. Mesmo assim, uma coisa é certa: é preciso ter determinação! Quando alguém deixa de decidir, entrega a vida ao acaso.

Claro que existem momentos que ocorrem por conta de fatores externos, tais como a morte de um ente querido, uma demissão inesperada ou a mudança de cidade de um amigo. Mesmo em condições como essas, cada ser humano é responsável pelo próximo passo e este só acontece quando se exerce o poder de decisão.

Nesse processo, você vai se deparar com momentos de dor, frustração, impaciência e insegurança necessários para qualquer trajetória de vida. No final de tudo, será melhor ter passado por momentos turbulentos e vencido, do que ficar apenas no "e se". Para saber mais sobre o assunto é só continuar debruçado sobre esta leitura e você entenderá que suas decisões mudam o seu destino!

AS DECISÕES DO PRESENTE MUDAM O SEU FUTURO

Quero te convidar a se debruçar sobre as Sagradas Escrituras e lá encontraremos diversas decisões tomada por vários personagens da Bíblia que mudaram as suas vidas. Verdade é que algumas decisões tomadas por alguns desses personagens mudaram os seus destinos de forma trágica, mas também sábias decisões tomadas por diversos outros personagens da Bíblia Sagrada mudaram os seus destinos de forma maravilhosa, muitos deles condenados a viver uma vida de maldição e dor, mas, tomando as decisões certas, se tornaram exemplos de vida para a nossa geração nos dia de hoje.

Quando eu falo em decisões que mudaram a vida de pessoas de maneira grandiosa, é impossível não me lembrar de um personagem chamado Jabez, a linda e surpreendente história deste moço que, ao nascer, recebeu este nome com um peso de maldição, como está escrito em 1 Crônicas 4:9,10, que diz:

"E foi Jabez mais ilustre do que seus irmãos; e sua mãe deu-lhe o nome de Jabez, dizendo: Porquanto com dores o dei à luz. Porque Jabez invocou o Deus de Israel, dizendo: Se me abençoares muitíssimo, e meus termos ampliares, e a tua mão for comigo, e fizeres que do mal não seja afligido! E Deus lhe concedeu o que lhe tinha pedido".

Sabemos muito bem que naquela época todo nome dado a uma criança recém-nascida tinha um significado. Todo nome levava o peso de uma história ou de um acontecimento, o nome Jabez significa "causador de dor", a gestação desta mãe foi tão complicada e dolorosa que, ao nascer da criança, sua mãe lhe deu este nome por causa de tanta dor que ela sentiu durante a gestação e no momento do parto. A criança vinha crescendo e esta maldição lhe acompanhava, quando jovem, ele entendeu que, por onde ele passasse, ele traria dor e tristeza para as pessoas a sua volta.

Jabez era um rapaz marcado por uma maldição, todos que se aproximavam dele já conheciam a sua história, já conheciam a maldição que ele carregava, o destino deste rapaz já estava traçado, seria um destino de dor e maldição, seria um destino sem perspectiva de vida, mas uma decisão iria mudar a sua história, mudar o seu destino. Jabez não aceitou o destino que traçaram para ele, tinha dois caminhos a tomar, aceitar seu destino de maldição ou tomar a decisão de mudar esta situação, mudando, assim, o seu destino. Jabez resolveu não aceitar e tomou a maior e a melhor decisão da sua vida: Jabez, por não aceitar a maldição que carregava em seu nome, resolveu clamar o único que verdadeiramente poderia mudar o quadro da situação, então Jabez clamou ao Senhor Deus de Israel e lhe rogou que não permitisse que aquela maldição lhe acompanhasse e ainda pediu mais, que o Senhor lhe abençoasse e fosse com ele por onde ele for, e as Sagradas Escrituras fazem questão de dizer que Deus ouviu a oração de Jabez e Jabez se tornou mais ilustre que seus irmãos, como está escrito em 1 Crônicas 4:9: "E foi Jabez mais ilustre do que seus irmãos".

A decisão deste rapaz mudou o seu destino, mudou o seu futuro, aquele que era para ser desprezado se tornou ilustre, o que era para ser maldição se tornou canal de benção para todos a sua volta.

Perceba o que uma decisão certa pode fazer na sua vida. Talvez você ainda não tenha percebido que a única coisa que falta para que você tenha um futuro promissor é apenas tomar a decisão que deve ser tomada, você precisa parar de esperar as coisas acontecerem de forma natural, seu destino não depende das decisões de terceiros e sim das suas próprias decisões. Enquanto você fica aí na sua zona de conforto, esperando as coisas acontecerem, o tempo vai passando e você não alcançará os objetivos que você almeja. Vamos, levante e lute, esta decisão só você pode tomar, ninguém fez por Jabez, porque isso era o dever dele. Entenda, as decisões do pai, ou da mãe, dos irmãos, ou de um marido, da mulher, não poderão mudar o seu destino, somente as suas decisões mudarão o seu destino para sempre.

Jabez não aceitou permanecer vivendo como símbolo de dor e tristeza, ele entendeu que o motivo que o levou a receber aquele nome não poderia definir o seu destino e sua decisão de se lançar aos pés do Senhor mudou a sua vida para sempre e, o homem que era pra ter um futuro de sofrimento e dor, para si e para os seus, se transformou em um ilustre canal de benção para sua família e para todos a sua volta.

E você, vai permanecer aceitando viver esta vida de dor e derrota? Vai permitir que o seu futuro seja traçado e definido por um presente de fracassos e derrotas? Ou vai fazer o que fez Jabez, tomar a decisão que vai mudar o seu destino, te fazendo um ilustre vencedor?

Não podemos abrir mão dos nossos sonhos, dos nossos projetos, dos nossos propósitos pelo simples fato de não conseguirmos enxergar uma luz no final do túnel. Não é porque existem tantos obstáculos na trajetória da nossa vida que devemos desistir de tudo que projetamos e sonhamos para o nosso futuro, precisamos entender que nem sempre haverá facilidade para conquistar os nossos objetivos, muitas das vezes, teremos que lutar com todas as nossas forças, sem desistir, sem esmorecer, por mais difícil que pareça, por mais que você não consiga enxergar a luz no final do túnel, você precisa compreender que são suas decisões que farão o seu amanhã ser diferente do seu hoje, porque é com nossas decisões que mudaremos o nosso destino, mas compreenda que se a sua decisão for desistir de lutar e desistir dos seus sonhos, o seu destino será de tristeza, fracassos e decepção, mas se a sua decisão foi lutar esta Batalha acreditando que você vencerá, então o seu destino será de vitórias e conquistas, assim como foi na vida de Jabez.

- Quando eu me refiro a uma decisão do presente que muda o futuro, isso me faz lembrar da história de Abraão, o homem que recebeu o título de pai da fé, digamos que de passagem um título bem merecido, podemos testemunhar isso lendo a sua história nas Sagradas Escrituras, Abraão foi um homem que tomou uma decisão que mudou a sua vida para sempre e até nos dias de hoje vidas são transformadas pelo impacto da sua decisão, vejamos o que diz a Bíblia a respeito desta história:

"Ora, o SENHOR disse a Abrão: Sai-te da tua terra, da tua parentela e da casa de teu pai, para a terra que eu te mostrarei.

E far-te-ei uma grande nação, e abençoar-te-ei e engrandecerei o teu nome; e tu serás uma bênção.

E abençoarei os que te abençoarem, e amaldiçoarei os que te amaldiçoarem; e em ti serão benditas todas as famílias da terra.

Assim partiu Abrão como o Senhor lhe tinha dito, e foi Ló com ele; e era Abrão da idade de setenta e cinco anos quando saiu de Harã.

E tomou Abrão a Sarai, sua mulher, e a Ló, filho de seu irmão, e todos os bens que haviam adquirido, e as almas que lhe acresceram em Harã; e saíram para irem à terra de Canaã; e chegaram à terra de Canaã.

E passou Abrão por aquela terra até ao lugar de Siquém, até ao carvalho de Moré; e estavam então os cananeus na terra.

E apareceu o Senhor a Abrão, e disse: À tua descendência darei esta terra. E edificou ali um altar ao Senhor, que lhe aparecera." (Gênesis 12:1-7).

Abraão era de uma família idolatrada, os pais de Abraão construíam uma imagem para serem adorados pelo povo da sua nação, ele não conhecia o Deus de Israel, ele nunca tinha ouvido a voz do Deus de Israel, mas mesmo assim, quando o Deus de Israel falou com ele, ele deu ouvido à voz do Senhor e, sem questionar, tomou a decisão de obedecer deixando seu lar, sua parentela e saiu sem um destino definido, apenas confiando na voz do Senhor, a qual ele tinha ouvido pela primeira vez.

Sei que muitas das vezes precisamos tomar algumas decisões que para muitas pessoas parecem ser loucuras, mas, para você, pode ser a decisão que mudará a sua história de uma forma gloriosa para sempre. Quando chegar o momento de tomar uma decisão como esta, não a tome sozinho, mas primeiro peça direção ao dono da sua vida, que é o Senhor nosso Deus. A história de Abraão nos incentiva a confiar na voz do Senhor e nos faz entender que nossas decisões mudam o nosso destino.

Tomar uma decisão, em um momento de aflição

Reflexão

O alpinista

Esta é a história de um alpinista que sempre buscava superar mais e mais desafios. Ele resolveu, depois de muitos anos de preparação, escalar o Aconcágua. Mas ele queria a glória somente para ele e resolveu escalar sozinho sem nenhum companheiro, o que seria natural no caso de uma escalada dessa dificuldade. Começou a subir e foi ficando cada vez mais tarde, e porque não havia se preparado para acampar, resolveu seguir a escalada decidido a atingir o topo. Escureceu, e a noite caiu como um breu nas alturas da montanha, e não era possível mais enxergar um palmo à frente do nariz, não se via absolutamente nada! Tudo era escuridão. Zero visibilidade. Não havia lua e as estrelas estavam cobertas pelas nuvens. Subindo por uma "parede" a apenas 100 m do topo, ele escorregou e caiu... Caía a uma velocidade vertiginosa. Somente conseguia ver as manchas que passavam cada vez mais rápidas na mesma escuridão, e sentia a terrível sensação de ser sugado pela força da gravidade. Ele continuava caindo... E nesses angustiantes momentos, passaram por sua mente todos os momentos felizes e tristes que já havia vivido em sua vida. De repente, ele sentiu um puxão forte, que quase o partiu pela metade. Shack!... Como todo alpinista experimentado, havia cravado estacas de segurança com grampos a uma corda comprida que fixou em sua cintura. Nesses momentos de silêncio, suspendido pelos ares na completa escuridão, não havia nada a fazer a não ser gritar:

– Ó meu Deus, me ajude!

De repente, uma voz grave e profunda vinda dos céus respondeu:

– O que você quer de mim, meu filho?

– Me salve, meu Deus, por favor?

– Você realmente acredita que eu possa te salvar?

– Eu tenho certeza, meu Deus!

– Então, corte a corda que te mantém pendurado...

Houve um momento de silêncio e reflexão. O homem se agarrou mais ainda à corda e refletiu que se fizesse isso morreria...

Conta o pessoal de resgate que, ao realizar as buscas, encontrou um alpinista congelado, morto, agarrado com força com suas duas mãos a uma corda... a somente dois metros do chão.

Este homem tinha que tomar uma decisão crucial e decisiva na sua vida, uma decisão "simples", cortar ou não cortar a corda que lhe mantinha vivo. Porém, o momento de aflição e desespero tornou aquela simples decisão a mais difícil da sua vida, e o momento de aflição fez com que ele tomasse a decisão errada, pois ele decidiu não ouvir a voz de Deus e permaneceu agarrado na corda que ele acreditava que era tudo que podia salvar a sua vida.

Em cada momento da nossa vida, existem decisões para serem tomadas e tomar decisões em meio às dificuldades da vida e em meio às tribulações do dia a dia. É impossível falar nas decisões que têm que ser tomada em momentos de aflição, quando não enxergamos a tal luz no fim do túnel, é impossível falar de tudo isso e não lembrar da história de Gideão, segundo as Sagradas Escrituras. No capítulo 6, do Livro dos Juízes, a partir do versículo 11, segundo diz a Bíblia Sagrada, no período em que o povo de Israel estava sendo oprimido e massacrado pelos midianitas, naquele período de tanta aflição, de tanta dor, de tanta perda, por que não dizer um período que não se podia enxergar a luz no final do túnel, todo aquele povo sem Esperança, sem perspectiva de vida, toda aquela nação oprimida, humilhada e amedrontada pelos seus inimigos, parecia até que todos já tinham desistido dos seus sonhos e dos seus projetos, mas a Bíblia Sagrada faz questão de dizer que, em meio a tanta aflição, a tanto medo, a tanta dor, existia um homem que não tinha desistido dos seus propósitos. A Bíblia diz que enquanto todos se escondiam em cavernas, nas montanhas, havia um homem chamado Gideão, que mesmo não vendo a tal luz no final do túnel, não deixou de lutar, ele tomou a decisão de não desistir, de não abrir mão dos seus projetos, dos seus planos. A Bíblia diz que, vendo Gideão malhando o trigo no lagar, foi Deus ao encontro de Gideão e o saudou chamando-o de homem Valente, e Deus ainda ressalta dizendo "Eu sou contigo", nisso, percebemos que a decisão de Gideão de não desistir, de lutar chamou a atenção de Deus para ele e isto mudou todo o seu destino, veja o que diz a Bíblia Sagrada a respeito dessa história:

"Então o anjo do Senhor veio, e assentou-se debaixo do carvalho que está em Ofra, que pertencia a Joás, abiezrita; e Gideão, seu filho, estava malhando o trigo no lagar, para o salvar dos midianitas.

Então o anjo do Senhor lhe apareceu, e lhe disse: O Senhor é contigo, homem valoroso.

Mas Gideão lhe respondeu: Ai, Senhor meu, se o Senhor é conosco, por que tudo isto nos sobreveio? E que é feito de todas as suas maravilhas que nossos pais nos contaram, dizendo: Não nos fez o Senhor subir do Egito? Porém agora o Senhor nos desamparou, e nos deu nas mãos dos midianitas.

Então o Senhor olhou para ele, e disse: Vai nesta tua força, e livrarás a Israel das mãos dos midianitas; porventura não te enviei eu?

E ele lhe disse: Ai, Senhor meu, com que livrarei a Israel? Eis que a minha família é a mais pobre em Manassés, e eu o menor na casa de meu pai.

E o Senhor lhe disse: Porquanto eu hei de ser contigo, tu ferirás aos midianitas como se fossem um só homem." (Juízes 6:11-16).

Gideão tinha motivos de sobra para desistir, para não lutar, mas ele tomou a decisão de continuar acreditando que se lutasse, venceria esta Batalha. Perceba que Gideão, quando ouviu Deus dizer "Eu sou contigo", por causa do momento em que ele vivia, por causa das aflições em que o seu povo passava, ele questionou a Deus indagando-o: "Como senhor é conosco se estamos sofrendo tanto, se estamos passando por toda essa tribulação, se os nossos inimigos têm nos afrontado?". Com essa fala, você percebe que Gideão, mesmo não vendo a luz no final do túnel, mesmo não enxergando nenhuma possibilidade de vencer os seus inimigos, mesmo assim, a decisão dele foi não desistir, foi persistir, foi lutar usando as armas que tinha e foi essa decisão que Gideão tomou que chamou a atenção de Deus para si. Talvez você esteja passando por um período da sua vida que parece não ter solução, por um momento tão difícil quanto a de Gideão, momentos difíceis, momentos complicados, decepções, frustrações e até pensa em desistir, mas será que essa é a decisão certa? Será que tomando a decisão da desistência não irá mudar o seu destino de forma negativa? Porque o que mudou o destino de Gideão de uma forma positiva foi ele ter tomado a decisão de não desistir dos seus sonhos, dos seus projetos.

Hei de desistir porquê? Você pode muito mais do que isto, você é mais forte do que pensa, você é capaz, mesmo que todos digam que não. Entenda, você tem um Deus que nunca te abandonou e nunca te abandonará, e este Deus está dizendo "Eu sou contigo, vai nessa tua força, porque Eu irei na frente, Eu te ajudarei, Eu te sustentarei, não te desampararei". Não permita que a sua condição financeira defina o seu futuro, determine que você pode e que você vai conseguir, porque você tem um Deus e este Deus te prometeu estar contigo em todos os momentos da sua vida, inclusive nos mais difíceis, é nestes momentos de aflições que Deus mais se aproxima de você. Lembra o que está escrito no livro do profeta Isaías, no capítulo 43, nos versículos 1 a 5? Olha o que diz o Senhor pra ti neste momento:

“Mas agora, assim diz o SENHOR que te criou, ó Jacó, e que te formou, ó Israel: Não temas, porque eu te remi; chamei-te pelo teu nome, tu és meu.

Quando passares pelas águas estarei contigo, e quando pelos rios, eles não te submergirão; quando passares pelo fogo, não te queimarás, nem a chama arderá em ti.

Porque eu sou o Senhor teu Deus, o Santo de Israel, o teu Salvador; dei o Egito por teu resgate, a Etiópia e a Seba em teu lugar.

Visto que foste precioso aos meus olhos, também foste honrado, e eu te amei, assim dei os homens por ti, e os povos pela tua vida.

Não temas, pois, porque estou contigo; trarei a tua descendência desde o oriente, e te ajuntarei desde o ocidente.” (Isaías 43:1-5).

Esta foi a promessa que Deus te fez e Ele não voltará atrás, Ele estará contigo, te guardando e te protegendo, este Deus não se cansará e não desistirá de você. O salmista Davi deixa muito claro isso em um dos seus salmos, olha o que diz:

“Eis que não tosquenejará nem dormirá o guarda de Israel.

O Senhor é quem te guarda; o Senhor é a tua sombra à tua direita.

O sol não te molestará de dia nem a lua de noite.

O Senhor te guardará de todo o mal; guardará a tua alma.

O Senhor guardará a tua entrada e a tua saída, desde agora e para sempre." (Salmo 121:4-8).

Glória ao nome do Senhor para sempre.

Talvez algumas decisões mal tomadas no passado geraram consequências negativas e hoje você sente o peso destas decisões, foram elas que mudaram o seu destino de forma negativa, mas não se preocupe, ainda há esperança, porque ainda existe um amanhã e você ainda pode tomar uma decisão certa e, com esta decisão, mudar o seu destino de forma gloriosa. Você lembra da parábola do filho pródigo que Jesus contou a seus discípulos? Aquele jovem tomou duas decisões que mudariam a sua vida, a primeira decisão que ele tomou mudou o seu destino de forma trágica e as consequências que ele recebeu foram dolorosas, mas a segunda decisão que ele tomou mudou o seu destino mais uma vez, porém desta vez de forma gloriosa, olha o que diz a narrativa desta parábola:

"E disse: Um certo homem tinha dois filhos;

E o mais moço deles disse ao pai: Pai, dá-me a parte dos bens que me pertence. E ele repartiu por eles a fazenda.

E, poucos dias depois, o filho mais novo, ajuntando tudo, partiu para uma terra longínqua, e ali desperdiçou os seus bens, vivendo dissolutamente.

E, havendo ele gastado tudo, houve naquela terra uma grande fome, e começou a padecer necessidades.

E foi, e chegou-se a um dos cidadãos daquela terra, o qual o mandou para os seus campos, a apascentar porcos.

E desejava encher o seu estômago com as bolotas que os porcos comiam, e ninguém lhe dava nada.

E, tornando em si, disse: Quantos jornaleiros de meu pai têm abundância de pão, e eu aqui pereço de fome!

Levantar-me-ei, e irei ter com meu pai, e dir-lhe-ei: Pai, pequei contra o céu e perante ti;

Já não sou digno de ser chamado teu filho; faze-me como um dos teus jornaleiros.

E, levantando-se, foi para seu pai; e, quando ainda estava longe, viu-o seu pai, e se moveu de íntima compaixão e, correndo, lançou-se-lhe ao pescoço e o beijou.

E o filho lhe disse: Pai, pequei contra o céu e perante ti, e já não sou digno de ser chamado teu filho.

Mas o pai disse aos seus servos: Trazei depressa a melhor roupa; e vesti-lho, e ponde-lhe um anel na mão, e alparcas nos pés;

E trazei o bezerro cevado, e matai-o; e comamos, e alegremo-nos;

Porque este meu filho estava morto, e reviveu, tinha-se perdido, e foi achado. E começaram a alegrar-se." (Lucas 15:11-24).

Este jovem tomou decisões erradas, sofreu as consequências, mas não aceitou permanecer com seu destino definido pelas suas decisões erradas, então tomou a decisão de voltar atrás e consertar onde havia errado, e esta decisão lhe trouxe consequências maravilhosas. Você também pode fazer o mesmo que este jovem fez, corrija aquela decisão errada e tome a decisão certa desta vez e viva um destino glorioso. Ainda tem jeito sim.

Não é a sua posição financeira e nem social que mudarão o seu destino e sim as suas decisões

É inevitável dias bons e outros péssimos, você deve entender que somos responsáveis por esses resultados. Mas, ao invés de abaixar a cabeça, ficar se lamentando e procurando culpados pelas suas derrotas, comece a olhar para esses fracassos como oportunidades para se desenvolver, olhe para as dificuldades como pontos que precisam ser melhorados e aprenda com eles. Saiba que são suas decisões, e não sua condição, que determinam seu destino. Fazer escolhas muitas vezes pode te deixar paralisado, mas saiba que escolhas são o que realmente vão mudar sua história para sempre.

Não importa que situação você está vivendo atualmente, sua vida pode ser transformada apenas tomando uma decisão. Não deixe que sua condição atual determine como o futuro será.

Além disso, sua maneira de agir, de falar, de pensar e de se relacionar te levará para algum lugar. É como um GPS, você quer chegar a um destino, então coloca o destino desejado no GPS e ele traça uma trajetória até o local, mas, para fazer isso, ele precisa saber onde você está e onde quer chegar. Então, independentemente de onde está, decida onde quer chegar e trace sua rota, tenha em mente o endereço da sua vitória, o CEP da sua conquista e, sem medo da caminhada, siga em frente. Esta é a decisão certa, acredite.

Todo mundo quer, mas poucos estão dispostos a sair da zona de conforto e fazer alguma coisa que pode mudar sua história. Não correr riscos pode até parecer uma opção mais favorável, mas sem ação não há mudança, transformação e evolução. Querer mudar de vida e estar disposto a pagar o preço são duas coisas bem diferentes. E você, quer mudar e está disposto a construir uma nova história?

E por que não está fazendo alguma coisa, então? Por isso, poucos conseguem. Não adianta ter as mesmas atitudes e esperar resultados diferentes. Esteja disposto a tomar uma decisão. É sempre mais fácil seguir o padrão, achar que outras pessoas têm o dever de resolver seus problemas, culpar alguém, deixar a vida seguir o fluxo, achar que nasceu assim e vai morrer assim. Claro que não! Estar disposto para fazer diferente tem um preço a ser pago. Todos podem? Sim.

Todos estão dispostos? Não. Cada um tem seu próprio momento de despertar, talvez só você está disposto a viver de decisão, romper com o padrão e ir além, precisar desenvolver a capacidade de não se importar com a opinião das pessoas ao seu redor, de lidar com a frustração e entender que possíveis quedas fazem parte da caminhada.

Deixar tudo para depois é um dos maiores ladrões de sonhos. Quantas vezes você deixou para amanhã o que seria possível realizar hoje? Não se esqueça que o amanhã chegará. Não deixe o desânimo te dominar e comece a fazer suas escolhas. Se quiser viver uma nova história em qualquer área da sua vida, comece fazendo escolhas, independente da sua condição. Quem decide como será sua vida daqui pra frente é só você.

A Bíblia nos mostra em diversas passagens que não é sua vida financeira e nem seu poder na sociedade que mudarão o seu destino, podemos ver isso muito bem em Lucas 8:40, que diz:

"E aconteceu que, quando voltou Jesus, a multidão o recebeu, porque todos o estavam esperando.

E eis que chegou um homem de nome Jairo, que era príncipe da sinagoga; e, prostrando-se aos pés de Jesus, rogava-lhe que entrasse em sua casa;

Porque tinha uma filha única, quase de doze anos, que estava à morte. E indo ele, apertava-o a multidão.

Estando ele ainda falando, chegou um dos príncipes da sinagoga, dizendo: A tua filha já está morta, não incomodes o Mestre.

Jesus, porém, ouvindo-o, respondeu-lhe, dizendo: Não temas; crê somente, e será salva.

E, entrando em casa, a ninguém deixou entrar, senão a Pedro, e a Tiago, e a João, e ao pai e a mãe da menina.

E todos choravam, e a pranteavam; e ele disse: Não choreis; não está morta, mas dorme.

E riam-se dele, sabendo que estava morta.

Mas ele, pondo-os todos fora, e pegando-lhe na mão, clamou, dizendo: Levanta-te, menina.

E o seu espírito voltou, e ela logo se levantou; e Jesus mandou que lhe dessem de comer.

E seus pais ficaram maravilhados; e ele lhes mandou que a ninguém dissessem o que havia sucedido." (Lucas 8:40-42; 49-56).

Jairo era rico e poderoso naquele lugar, uma autoridade, mas o seu destino estava traçado em ser um pai sem filha, ele estava próximo de sepultar sua única filha de 12 anos de idade e sua riqueza, e nem sua posição social, muito menos a sua autoridade poderiam fazer nada para alterar este destino, mas uma decisão que ele tomou foi a única razão para ele ter o seu destino mudado, não somente o seu, mas também o da sua filha. Jairo poderia se sentir humilhado estando em sua posição social e tendo que pedir ajuda ao filho de um carpinteiro, olhando socialmente para esta cena, em suas posições sociais, seria quase impossível isto acontecer da forma que aconteceu, um príncipe da sinagoga se lançar aos pés de um filho de carpinteiro e lhe rogar ajuda. Olhando desta forma, esta atitude de Jairo pareceu loucura para muitos que ali estavam, porém Jairo sabia que seu destino dependia desta decisão, e foi esta decisão, e não seu dinheiro, que mudou o destino daquele homem. Você pode ter muito dinheiro guardado, pode ter muitos imóveis adquiridos, pode ter muita fama, pode ter muito poder, mas nada disso é capaz de mudar o seu destino, e, assim, você percebe que o poder não está no que você tem, mas na decisão que você toma, então, independentemente de ser rico ou pobre, grande ou pequeno, branco ou afro-americano, qualquer um pode transformar o seu destino de acordo com as suas decisões. Vale a pena ressaltar que uma decisão é como uma via de mão dupla, ou seja, uma decisão mal tomada ou uma decisão errada pode te preparar um destino de dor e tristeza, da mesma maneira que uma decisão tomada com sabedoria muda o seu destino de forma positiva que trará alegria, paz e tranquilidade.

A Bíblia ainda nos mostra outro relato de que não é o dinheiro, de que não é o poder, de que não é o seu status que pode mudar o seu destino. Veja o que a Bíblia diz em Lucas capítulo 19, a respeito de um homem chamado Zaqueu, um homem rico, cobrador de impostos, era uma autoridade naquele lugar, tinha um grande poder aquisitivo e com tudo isso era mal visto por muitos no povoado, assim como todo cobrador de impostos tinha fama de fraudador. Mas, um dia, este homem chamado Zaqueu ouviu falar em um homem chamado Jesus e, na narrativa do que ele ouviu falar de Jesus, nasceu no coração de Zaqueu o desejo de conhecer Jesus, e este desejo foi a força motriz que impulsionou Zaqueu a tomar uma decisão que mudaria a sua vida para sempre. Veja bem como está escrito nas Sagradas Escrituras a respeito deste homem:

"E, tendo Jesus entrado em Jericó, ia passando.

E eis que havia ali um homem chamado Zaqueu; e era este um chefe dos publicanos, e era rico.

E procurava ver quem era Jesus, e não podia, por causa da multidão, pois era de pequena estatura.

E, correndo adiante, subiu a uma figueira brava para o ver; porque havia de passar por ali.

E quando Jesus chegou àquele lugar, olhando para cima, viu-o e disse-lhe: Zaqueu, desce depressa, porque hoje me convém pousar em tua casa.

E, apressando-se, desceu, e recebeu-o alegremente.

E, vendo todos isto, murmuravam, dizendo que entrara para ser hóspede de um homem pecador.

E, levantando-se Zaqueu, disse ao Senhor: Senhor, eis que eu dou aos pobres metade dos meus bens; e, se nalguma coisa tenho defraudado alguém, o restituo quadruplicado.

E disse-lhe Jesus: Hoje veio a salvação a esta casa, pois também este é filho de Abraão.

Porque o Filho do homem veio buscar e salvar o que se havia perdido." (Lucas 19:1-10).

Zaqueu poderia confiar apenas na sua riqueza e na sua autoridade e poder que possuía, mas, mesmo tendo tudo isso, ainda lhe faltava algo e este algo que lhe faltava, o dinheiro não podia comprar e nem sua autoridade adquirir, mas Zaqueu entendeu que precisava preencher o vazio que existia dentro de si, tomando, assim, a decisão de ir à luta e conquistar seu objetivo independente dos obstáculos e das dificuldades que ele teria que enfrentar. Você precisa saber que sempre que você tiver que tomar uma decisão para alcançar os seus objetivos, haverá dificuldades e obstáculos no caminho, em algumas decisões que você tiver que tomar, terá que abrir mão de outras coisas, nem sempre suas decisões serão fáceis. Você percebeu que na história de Zaqueu nada foi fácil para ele? Foi uma decisão muito complicada, ele teve que abrir mão de muitas coisas para alcançar seu objetivo, porém valeu a pena cada sacrifício feito por ele, ele abriu mão do seu poderio quando subiu na árvore, coisa que um homem na posição dele jamais faria, ele abriu mão de parte da sua riqueza quando disse que daria aos pobres metade de seus bens e em ressaciar caso alguém o acusasse de roubo, mas aquela decisão que o levou a abrir mão de muitas coisas mudou o destino dele para sempre de uma forma gloriosa.

O poder das decisões é uma parte fundamental da vida de todos os seres humanos. As decisões que tomamos moldam nossas vidas, influenciam nosso futuro e afetam as pessoas ao nosso redor. Desde que nascemos, somos condicionados a tomar decisões.

Por vezes, são decisões simples, como o que vamos comer ou para onde vamos sair para passear, outras são mais complexas, como em qual investimento financeiro apostar. E se esta frase inicial te fez pensar, já exercitou seu cérebro a tomar uma decisão.

Nada determina o nosso destino mais do que as decisões que nós mesmos tomamos. Hoje, somos o resultado da soma total das decisões que, consciente ou inconscientemente, tomamos no passado e, pelo mesmo motivo, daqui a dez anos, seremos o espelho das decisões que temos tomado de agora em diante.

O seu e o meu futuro, como aquele de qualquer outra pessoa, inicia exatamente neste instante, e, se você espera que seja um futuro no qual você crescerá e criará uma qualidade de vida ainda melhor, lembre-se que qualquer caminho de crescimento começa com a decisão sobre quem você quer ser, o que quer fazer, como quer se transformar nos próximos dez anos.

Decidir conscientemente é o primeiro passo na direção da realização dos próprios objetivos. No momento em que decidimos realmente agir, liberamos nosso poder e nossa força por inteiro, e só quando colocamos em prática toda a determinação da qual somos capazes, deixamos a vida condizente com o nosso espírito e as nossas potencialidades.

Se não tomarmos essa decisão, decidindo não decidir, seremos arrastados pelos acontecimentos, pelo ambiente, por tudo que nos circunda, e teremos estabelecido automaticamente não ser os autores e protagonistas do nosso destino.

Se não decidirmos o que queremos para a nossa vida, se não a planejarmos, acabaremos no plano que alguém criou para nós, que pode também não nos agradar em nada.

Decidir é o ato de escolher entre uma ação e o ato do que está se pensando. Destarte, toda decisão vem seguida de uma ação, ainda que esta ação seja a inércia (ação nenhuma). Para muitas pessoas, a tomada de decisões causa desconforto ou outras sensações desagradáveis.

Isso acontece pelo fato de que crescemos aprendendo que a mente deve sempre escolher entre duas ou mais coisas e, quando escolhemos uma delas, automaticamente temos que renunciar às outras, perdendo-as.

É uma sensação de perda que causa dor, ansiedade e desconforto. Apesar disso, não precisa ser algo tão difícil e tenso, considerando que decidir, na essência do ato, não é algo necessariamente desconfortável; o que causa o desconforto de fato é o ato de abrir mão de algo para se ter outra coisa.

É quase que uma experiência de desapego e de promoção. É como se, inconscientemente, perdemos algo para ganhar outra coisa diferente. E é daí que vem, ainda que de maneira não racional, as sensações ruins e a tão desagradável indecisão.

Decidir causa impacto nas nossas vidas, pois cada decisão que tomamos, desde as pequenas escolhas diárias até as grandes decisões de vida, tem o potencial de impactar nossas vidas de várias maneiras. Elas podem determinar nossas oportunidades, nossos relacionamentos, nossa saúde e nosso bem-estar geral.

Quando falo de decisões que mudam as nossas vidas, mudam o nosso destino e definem o nosso futuro, me vem a lembrança da história de Raabe, a prostituta de Jericó, uma mulher sem moral na sociedade, malvista, que não podia transitar nas ruas da cidade de maneira livre, uma mulher com o seu destino marcado de forma negativa, uma mulher sem um futuro promissor. Mas esta mulher, que para muitos não tinha valor e nem respeito, tinha em seu coração sonhos e projetos de vida, prova disso é a decisão que ela tomou, e esta decisão impactou não somente a vida dela, mas também de todos os seus familiares sem exceção. Olha bem o que conta-nos a Bíblia Sagrada a respeito desta mulher:

"E Josué, filho de Num, enviou secretamente, de Sitim, dois homens a espiar, dizendo: Ide reconhecer a terra e a Jericó. Foram, pois, e entraram na casa de uma mulher prostituta, cujo nome era Raabe, e dormiram ali.

Então deu-se notícia ao rei de Jericó, dizendo: Eis que esta noite vieram aqui uns homens dos filhos de Israel, para espiar a terra.

Por isso mandou o rei de Jericó dizer a Raabe: Tira fora os homens que vieram a ti e entraram na tua casa, porque vieram espiar toda a terra.

Porém aquela mulher tomou os dois homens, e os escondeu, e disse: É verdade que vieram homens a mim, porém eu não sabia de onde eram.

E aconteceu que, havendo-se de fechar a porta, sendo já escuro, aqueles homens saíram; não sei para onde aqueles homens se foram; ide após eles depressa, porque os alcançareis.

Porém ela os tinha feito subir ao eirado, e os tinha escondido entre as canas do linho, que pusera em ordem sobre o eirado.

E foram-se aqueles homens após eles pelo caminho do Jordão, até aos vaus; e, havendo eles saído, fechou-se a porta.

E, antes que eles dormissem, ela subiu a eles no eirado;

E disse aos homens: Bem sei que o Senhor vos deu esta terra e que o pavor de vós caiu sobre nós, e que todos os moradores da terra estão desfalecidos diante de vós.

Porque temos ouvido que o Senhor secou as águas do Mar Vermelho diante de vós, quando saíeis do Egito, e o que fizestes aos dois reis dos amorreus, a Siom e a Ogue, que estavam além do Jordão, os quais destruístes.

O que ouvindo, desfaleceu o nosso coração, e em ninguém mais há ânimo algum, por causa da vossa presença; porque o Senhor vosso Deus é Deus em cima nos céus e em baixo na terra.

Agora, pois, jurai-me, vos peço, pelo Senhor, que, como usei de misericórdia convosco, vós também usareis de misericórdia para com a casa de meu pai, e dai-me um sinal seguro.

De que conservareis com a vida a meu pai e a minha mãe, como também a meus irmãos e a minhas irmãs, com tudo o que têm e de que livrareis as nossas vidas da morte.

Então aqueles homens responderam-lhe: A nossa vida responderá pela vossa até à morte, se não denunciardes este nosso negócio, e será, pois, que, dando-nos o Senhor esta terra, usaremos contigo de misericórdia e de fidelidade." (Josué 2:1-14).

A decisão desta mulher impactou tanto na vida dela, mudou o destino dela de forma tão grandiosa, que esta mulher que era uma prostituta malvista na sociedade, o seu nome foi incluído entre os nomes dos heróis da fé, se tornando um ícone, um exemplo de pessoa a ser seguida. Não devemos e nem podemos esquecer que as nossas decisões mudam o nosso destino.

O PREÇO POR PERSISTIR NÃO É MAIOR DO QUE O DE DESISTIR. É NOS MOMENTOS DE DECISÃO QUE O SEU DESTINO É TRAÇADO

Quando falo que suas decisões mudam o seu destino, vale a pena ressaltar que esta mudança pode ser de forma positiva assim como também de forma negativa, isso depende das suas decisões tomadas. Por exemplo, você está em uma competição e esta competição tem a linha de partida e a linha de chegada, mas em meio à competição, você se sente exausto, o cansaço físico e mental te obriga a tomar uma rápida decisão: desistir ou continuar até alcançar a linha de chegada. É exatamente esta decisão que traçará o seu destino de forma negativa ou positiva, de uma coisa eu tenho certeza, esta decisão te fará um vencedor ou um derrotado.

Você é hoje fruto das decisões que tomou no passado. Sabemos que a mente materializa coisas, suas decisões refletem tudo que você vive hoje.

Sabemos a importância das responsabilidades que assumimos perante a sociedade seja em qualquer área da vida. Nossos objetivos devem ser traçados de forma clara, para que não tenhamos frustrações e desgostos.

É importante avaliarmos o que realmente é importante e o que é prioridade. Nem tudo que é importante é prioridade, e aí surgem as decisões das quais precisamos parar e pensar em tudo para que tenhamos uma vida próspera. Uma decisão tomada no calor da emoção ou de forma impensada pode causar danos catastróficos no seu futuro e, depois destas decisões tomadas, não adianta jogar a culpa nas pessoas ao seu redor. Você precisa reconhecer que o único capaz de provocar tais mudanças é apenas você mesmo.

Sempre pense positivo para que boas coisas aconteçam. Dessa forma, você se sentirá motivada e atrairá coisas maravilhosas para sua vida! Tenha fé, acredite que sempre terá um Deus cuidando de você, e não se esqueça que você é capaz de superar seus limites, que tudo depende de você, tudo depende das suas decisões. Persistir ou desistir, a linha de chegada está logo ali na sua frente.

Então, pare e pense antes de tomar decisões importantes.

Tenha responsabilidade sobre suas ações e atos, porque eles irão refletir através de consequências. Tudo precisa ser pensado antes de agir, sempre faça um bom planejamento. Organize-se! Pessoas de sucesso se cobram o tempo todo. O segredo do sucesso é ter hábitos constantes entendendo que a prática constante leva à perfeição. Tomar uma decisão é como edificar um edifício, antes da edificação, o arquiteto faz um rascunho e do rascunho cria-se o projeto pra só então edificar o edifício, porque se não houver um rascunho, não haverá um projeto, e se o edifício for edificado sem o projeto, não terá segurança e ocorrerá um grande risco de desabamento.

Nosso destino pode ser mudado o tempo todo, porque situações exteriores não dependem de nós. Mas nossas escolhas sim! Criar uma lista de ações do que é preciso ser feito em direção aos seus sonhos é uma boa opção quando se quer recomeçar um novo projeto ou fazer algumas mudanças. Porque mudanças fazem parte do nosso destino e envolve nosso desenvolvimento pessoal e profissional e todos os setores da vida. Lembre-se: você tem o poder da escolha. O seu trabalho para o sucesso e para o fracasso irá depender diretamente destas escolhas chamadas de decisões.

Então, vá, persista, entenda que todas as pessoas de sucesso tiveram a opção de desistir várias vezes, tanto quanto você, mas se hoje elas tem um legado ou são um exemplo de superação, é porque optaram por chegar lá, mesmo em meio a tantos obstáculos e dificuldades, eles focaram no seu objetivo e eles não são melhores que você e nem mais capazes que você, eles apenas tomaram a decisão certa.

A Bíblia nos conta uma história de um homem cego e mendigo que ficava na beira da estrada na entrada de uma cidade chamada Jericó, este homem que se chamava Bastimeu levava uma vida sofrida, além de sua deficiência visual, ainda era mendigo, e por muitas das vezes era humilhado para conseguir seu alimento diário. Ele até poderia ser cego e pobre, mas no seu coração existia sonhos e projetos de vida, verdade é que estes sonhos e projetos eram impossíveis para a ótica humana, mas, para aquele cego mendigo, o que lhe faltava era apenas a oportunidade de tomar a decisão certa, e no momento em que esta oportunidade surgiu, ele a abraçou, persistiu, em meio aos opressores que se levantaram contra ele para criticá-lo quando perceberam ele lutando para realizar seu sonho. Motivo de sobra Bastimeu tinha para desistir e permanecer vivendo sua vida de derrota, porém ele resolveu tomar a maior decisão da sua vida que foi insistir em gritar por Jesus que estava passando por ali. Olha o que diz a Bíblia Sagrada a respeito deste homem:

"E aconteceu que chegando ele perto de Jericó, estava um cego assentado junto do caminho, mendigando.

E, ouvindo passar a multidão, perguntou que era aquilo.

E disseram-lhe que Jesus Nazareno passava.

Então clamou, dizendo: Jesus, Filho de Davi, tem misericórdia de mim.

E os que iam passando repreendiam-no para que se calasse; mas ele clamava ainda mais: Filho de Davi, tem misericórdia de mim!

Então Jesus, parando, mandou que lho trouxessem; e, chegando ele, perguntou-lhe, dizendo: Que queres que te faça? E ele disse: Senhor, que eu veja.

E Jesus lhe disse: Vê; a tua fé te salvou.

E logo viu, e seguia-o, glorificando a Deus. E todo o povo, vendo isto, dava louvores a Deus." (Lucas 18:35-43).

A decisão de Bartimeu, agora então ex–cego, mudou gloriosamente a sua vida para sempre, então compreenda que são as suas decisões que irão definir o seu destino.

Da mesma forma que uma decisão pode mudar a sua vida de forma positiva, assim como foi com Bartimeu, elas também podem mudar o seu destino de forma negativa e trágica. A Bíblia nos mostra diversas histórias de personagens que tomaram decisões errôneas e tiveram os seus destinos trágicos, uma das passagem bíblicas que nos mostra um destino trágico fala a respeito de um casal que tomou uma decisão impensada e sofreu as consequências de seu erro. Falamos da história de Ananias e Safira, um casal que queria o glamour do reconhecimento e da fama de forma desonesta, e o preço a pagar foi muito caro. Veja o que diz a Bíblia Sagrada a respeito desta história:

"E era um o coração e a alma da multidão dos que criam, e ninguém dizia que coisa alguma do que possuía era sua própria, mas todas as coisas lhes eram comuns.

E os apóstolos davam, com grande poder, testemunho da ressurreição do Senhor Jesus, e em todos eles havia abundante graça.

Não havia, pois, entre eles necessitado algum; porque todos os que possuíam herdades ou casas, vendendo-as, traziam o preço do que fora vendido, e o depositavam aos pés dos apóstolos.

E repartia-se a cada um, segundo a necessidade que cada um tinha.

Então José, cognominado pelos apóstolos Barnabé (que, traduzido, é Filho da Consolação), levita, natural de Chipre, possuindo uma herdade, vendeu-a, e trouxe o preço, e o depositou aos pés dos apóstolos.

Mas um certo homem chamado Ananias, com Safira, sua mulher, vendeu uma propriedade, e reteve parte do preço, sabendo-o também sua mulher; e, levando uma parte, a depositou aos pés dos apóstolos.

Disse então Pedro: Ananias, por que encheu Satanás o teu coração, para que mentisses ao Espírito Santo, e retivesses parte do preço da herdade?

Guardando-a não ficava para ti? E, vendida, não estava em teu poder? Por que formaste este desígnio em teu coração? Não mentiste aos homens, mas a Deus.

E Ananias, ouvindo estas palavras, caiu e expirou. E um grande temor veio sobre todos os que isto ouviram.

E, levantando-se os moços, cobriram o morto e, transportando-o para fora, o sepultaram.

E, passando um espaço quase de três horas, entrou também sua mulher, não sabendo o que havia acontecido.

E disse-lhe Pedro: Dize-me, vendestes por tanto aquela herdade? E ela disse: Sim, por tanto.

Então Pedro lhe disse: Por que é que entre vós vos concertastes para tentar o Espírito do Senhor? Eis aí à porta os pés dos que sepultaram o teu marido, e também te levarão a ti.

E logo caiu aos seus pés, e expirou. E, entrando os moços, acharam-na morta, e a sepultaram junto de seu marido." (Atos 4:32-37 e 5:1-10).

Ananias e sua mulher, Safira, por verem todos os irmãos vendendo suas propriedades e os valores aos pés dos apóstolos para serem repartidos com os pobres, eles não viram aquilo como uma boa ação e sim como uma forma de serem reconhecidos em meio aos demais. Um ato que não era obrigatório, mas os que faziam, faziam por amor e não por reconhecimento, porém o casal tomou duas decisões erradas que mudaram seus destinos de forma trágica. A primeira decisão errada tomada por eles no calor da emoção foi por ver todos fazendo esta e acharam que deveriam fazer também, mais depois que venderam a propriedade, entenderam que o valor era alto demais para depositar tudo aos apóstolos para o sustento dos pobres, então eles resolveram tomar a segunda e pior decisão que lhes custariam a vida, tomaram a decisão de levar uma pequena parte do valor da venda da propriedade e entregar aos apóstolos como se aquele fosse o valor total da venda, o pecado deles não foi entregar apenas uma pequena parte do valor adquirido pela venda da propriedade, pois não era obrigatório eles darem nenhum valor, se assim fosse, tudo ficaria bem, mas eles tomaram a decisão de tentar enganar a Deus e a este ninguém engana. Aquela decisão levou ambos a morte e olha que o apóstolo Pedro ainda deu a ambos a chance de tomarem a decisão certa, mas eles persistiram em ficar na decisão errada e o preço foi pago, um preço de morte.

Sabendo que suas decisões mudam o seu destino, então tomem muito cuidado com as decisões que você pensa em tomar. Que estas decisões sejam benéficas, porque elas mudarão o seu destino de forma positiva e você poderá cantar o hino da vitória.

A INFLUÊNCIA DAS EMOÇÕES NA TOMADA DE DECISÕES

A tomada de decisões é uma habilidade essencial em nossa vida cotidiana, tanto pessoal quanto profissional. Ao enfrentar escolhas significativas, somos frequentemente confrontados com o dilema de equilibrar razão e emoção. As emoções são componentes inerentes ao processo de decisão, influenciando nossos julgamentos e escolhas. Abordaremos o papel das emoções na tomada de decisões, explorando como podemos integrar a razão e o sentimento para tomar decisões mais assertivas e bem fundamentadas.

As emoções desempenham um papel importante na tomada de decisões, mesmo quando acreditamos estar tomando decisões puramente racionais. Pesquisas na área da neurociência e psicologia mostram que as emoções estão intrinsecamente conectadas aos processos de tomada de decisões. A amígdala, uma estrutura cerebral associada ao processamento emocional, pode influenciar o córtex pré-frontal, área responsável pelo pensamento lógico e tomada de decisões. Isso significa que nossas emoções podem influenciar nossa capacidade de avaliar opções objetivamente.

Além disso, as emoções também podem afetar a forma como processamos informações e interpretamos eventos. Por exemplo, quando estamos ansiosos ou com medo, tendemos a dar mais atenção às informações negativas, o que pode distorcer nossa percepção da realidade e influenciar nossas escolhas.

O equilíbrio entre razão e sentimento

Encontrar o equilíbrio entre a razão e o sentimento, é fundamental para tomar decisões informadas e sábias. Ignorar completamente as emoções pode levar a decisões insensíveis e frias, enquanto depender exclusivamente delas, pode resultar em escolhas impulsivas e irracionais. Aqui estão algumas estratégias para alcançar esse equilíbrio:

- Autoconsciência emocional:
  Reconheça suas emoções e entenda como elas podem influenciar suas decisões. Tire um momento para refletir sobre suas motivações emocionais antes de agir.

- Coleta de informações:
  Busque informações relevantes e confiáveis sobre as opções disponíveis. A razão se bene-

ficia de uma base sólida de informações, ajudando a evitar decisões precipitadas baseadas apenas em sentimentos momentâneos.

- Deliberação ponderada:
  Permita-se sentir as emoções associadas a cada alternativa, mas também reserve tempo para uma deliberação ponderada. Procure avaliar as consequências a longo prazo e o alinhamento com seus objetivos pessoais.

- Simulação mental:
  Imagine-se vivendo as diferentes escolhas e observe suas reações emocionais a cada cenário. Isso pode ajudar a antecipar como você se sentirá após tomar determinada decisão.

- Consulta a outras pessoas:
  Compartilhar seus dilemas com amigos, familiares ou colegas pode oferecer perspectivas adicionais, ajudando a equilibrar a tomada de decisões com diferentes pontos de vista.

QUAL A DIFERENÇA ENTRE A DECISÃO E A ESCOLHA?

A decisão é o processo de escolher uma entre várias opções disponíveis, com o objetivo de alcançar um determinado objetivo ou resolver um problema. Em outras palavras, é a escolha consciente de uma opção entre duas ou mais alternativas, com base em informações e critérios estabelecidos.

Decisões são escolhas feitas por um indivíduo ou grupo de pessoas, geralmente em um contexto em que há várias opções ou caminhos possíveis a seguir. Essas escolhas podem ser feitas em diversos âmbitos da vida, desde questões pessoais a decisões empresariais.

As decisões podem ser tomadas em diferentes níveis de complexidade e impacto. Algumas decisões podem ser simples e cotidianas, como escolher o que comer no almoço ou qual caminho seguir para chegar em casa.

Outras decisões podem ser mais complexas e estratégicas, envolvendo questões importantes para a vida pessoal ou profissional, como decidir qual carreira seguir, comprar uma casa, iniciar um negócio ou lançar um novo produto.

A decisão pode ser influenciada por vários fatores, incluindo valores pessoais, crenças, objetivos, informações disponíveis, experiências anteriores e o ambiente em que a escolha é feita. Além disso, a decisão pode ser tomada de maneira racional, seguindo um processo lógico ou de forma intuitiva, confiando nos instintos e na experiência pessoal.

Decisão e escolha são termos que frequentemente são utilizados como sinônimos, mas há uma pequena diferença entre eles.

A escolha é o ato de selecionar uma opção entre várias alternativas disponíveis. É um processo mais simples e direto, que geralmente envolve avaliar as opções disponíveis e selecionar a que mais se adequa às necessidades e preferências do indivíduo.

Já a decisão é um processo mais amplo e complexo, que envolve não apenas escolher uma opção, mas também avaliar as implicações e consequências dessa escolha. A decisão envolve um julgamento mais crítico e cuidadoso, que leva em consideração uma série de fatores, incluindo informações, valores, objetivos e riscos.

O objetivo principal das decisões é resolver um problema, superar uma situação desfavorável ou aproveitar uma oportunidade. Através da tomada de decisão, uma pessoa ou organização busca selecionar a melhor alternativa dentre as possibilidades disponíveis, com o intuito de alcançar seus objetivos de maneira mais eficiente.

Quando falamos na diferença entre a escolha e a decisão, percebemos que todas as histórias acima dos personagens bíblicos foram decisões tomadas de diversas formas, mas para entendermos um pouco mais à luz da Bíblia esta diferença entre escolha e decisão, gostaria de te convidar a voltar mais uma vez ao livro de Gênesis, no início de tudo, e observarmos a história de Abraão e seu sobrinho Ló:

"E também Ló, que ia com Abrão, tinha rebanhos, gado e tendas.

E não tinha capacidade a terra para poderem habitar juntos; porque os seus bens eram muitos; de maneira que não podiam habitar juntos.

E houve contenda entre os pastores do gado de Abrão e os pastores do gado de Ló; e os cananeus e os perizeus habitavam então na terra.

E disse Abrão a Ló: Ora, não haja contenda entre mim e ti, e entre os meus pastores e os teus pastores, porque somos irmãos.

Não está toda a terra diante de ti? Eia, pois, aparta-te de mim; e se escolheres a esquerda, irei para a direita; e se a direita escolheres, eu irei para a esquerda.

E levantou Ló os seus olhos, e viu toda a campina do Jordão, que era toda bem regada, antes do Senhor ter destruído Sodoma e Gomorra, e era como o jardim do Senhor, como a terra do Egito, quando se entra em Zoar.

Então Ló escolheu para si toda a campina do Jordão, e partiu Ló para o oriente, e apartaram-se um do outro.

Habitou Abrão na terra de Canaã e Ló habitou nas cidades da campina, e armou as suas tendas até Sodoma.

Ora, eram maus os homens de Sodoma, e grandes pecadores contra o Senhor.

E disse o Senhor a Abrão, depois que Ló se apartou dele: Levanta agora os teus olhos, e olha desde o lugar onde estás, para o lado do norte, e do sul, e do oriente, e do ocidente;

Porque toda esta terra que vês, te hei de dar a ti, e à tua descendência, para sempre.

E farei a tua descendência como o pó da terra; de maneira que se alguém puder contar o pó da terra, também a tua descendência será contada.

Levanta-te, percorre essa terra, no seu comprimento e na sua largura; porque a ti a darei.

E Abrão mudou as suas tendas, e foi, e habitou nos carvalhais de Manre, que estão junto a Hebrom; e edificou ali um altar ao Senhor." (Gênesis 13:5-18).

Perceba que devido ao desentendimento entre os pastores de Abraão e os pastores de Ló, Abraão tomou a decisão de deixar seu sobrinho Ló escolher qual a parte da terra ele queria para si, e a que ele escolhesse, Abraão ficaria com o outro lado. Ló, por sua vez, fez a escolha que parecia aos seus olhos a melhor parte da terra, deixando, então, para seu tio Abraão a outra parte que ele jugava ser a mais inferior. Olhando esta narrativa, percebemos nitidamente a diferença entre uma escolha e uma decisão, Abraão teve que tomar esta decisão de deixar seu sobrinho escolher a parte da terra que ele jugasse melhor, esta decisão não foi nada fácil, porque ele sabia que seu sobrinho escolheria a melhor parte da terra e deixaria para ele a pior parte, mesmo assim, diante de uma decisão tão difícil, Abraão tomou a decisão e seu sobrinho fez a escolha, escolhendo a melhor parte. Olhando para a escolha que Ló haveria de tomar, percebemos a grande diferença entre a escolha e a decisão, Ló, sem muito esforço, pois tinha apenas que escolher entre duas partes da terra, e ele já conhecia muito bem a região de ambos os lados, bastaria simplesmente escolher o melhor lado e foi o que ele fez. Conhecemos muito bem o desfecho da história, de ambos os lados, o que parecia ser bom, se tornou ruim e o lado que parecia ser ruim, se tornou bom. Na maioria das vezes, fazer uma escolha não requer tanta análise, tanta preocupação, é apenas escolher um e deixar o outro, porém, uma decisão precisa não somente do equilíbrio entre a razão e a emoção como também de uma análise, uma busca minuciosa a respeito desta decisão que precisa ser tomada, porque esta decisão mudará o seu destino para sempre, foi assim com Abraão.

O QUE É TOMADA DE DECISÕES?

A tomada de decisões é o processo de avaliar e escolher entre várias opções possíveis para alcançar um objetivo desejado. Esse processo é fundamental para a vida pessoal e profissional, pois as decisões tomadas podem afetar os resultados e as consequências das ações realizadas.

QUAIS SÃO AS ETAPAS DA TOMADA DE DECISÕES?

* **Identificação do problema:** O processo de tomada de decisões geralmente começa com a identificação de um problema ou oportunidade que precisa ser abordado. É importante definir claramente o problema e seus limites para orientar a busca por soluções.

* **Geração de alternativas:** Depois de identificar o problema, é preciso gerar uma lista de possíveis soluções para escolher. É importante envolver diferentes perspectivas e abordagens na geração de alternativas.

* **Avaliação das alternativas:** Após a geração de alternativas, é preciso avaliar cada uma delas em relação a critérios relevantes para o problema em questão. Essa avaliação pode ser feita utilizando técnicas e ferramentas de análise de decisão.

* **Escolha da melhor alternativa:** Depois de avaliar as alternativas, é preciso escolher aquela que melhor atende aos critérios definidos e que pode alcançar o objetivo desejado.

* **Implementação da decisão:** Depois de escolher a melhor alternativa, é preciso implementá-la na prática. É importante planejar e definir um cronograma para a implementação da decisão.

* **Monitoramento e avaliação:** Após a implementação da decisão, é preciso monitorar e avaliar seus resultados. Isso permite avaliar se a decisão foi efetiva e se atingiu o objetivo desejado.

Algumas técnicas e ferramentas que podem ser utilizadas no processo de tomada de decisões incluem análise SWOT, análise de custo-benefício, análise de cenários, avaliação de riscos e análise de decisão multicritério. É importante escolher a técnica mais adequada para a situação em questão, levando em consideração a complexidade da decisão e a disponibilidade de informações e recursos.

As decisões não podem e nem devem ser tomadas de forma impensada ou no calor da emoção, precisamos entender e compreender que são elas que escreverão o nosso destino após serem tomadas. Ainda no livro de Gênesis, encontramos a narrativa de uma história de uma família desorientada pela inveja e pelo ódio, falo da família de Jacó, pai de José, aquele que foi vendido como escravo pelos próprios irmãos. A Bíblia nos narra esta história, vamos acompanhar:

“E viram-no de longe e, antes que chegasse a eles, conspiraram contra ele para o matarem.

E disseram um ao outro: Eis lá vem o sonhador-mor!

Vinde, pois, agora, e matemo-lo, e lancemo-lo numa destas covas, e diremos: Uma fera o comeu; e veremos que será dos seus sonhos.

E ouvindo-o Rúben, livrou-o das suas mãos, e disse: Não lhe tiremos a vida.

Também lhes disse Rúben: Não derrameis sangue; lançai-o nesta cova, que está no deserto, e não lanceis mãos nele; isto disse para livrá-lo das mãos deles e para torná-lo a seu pai.

E aconteceu que, chegando José a seus irmãos, tiraram de José a sua túnica, a túnica de várias cores, que trazia.

E tomaram-no, e lançaram-no na cova; porém a cova estava vazia, não havia água nela.

Depois assentaram-se a comer pão; e levantaram os seus olhos, e olharam, e eis que uma companhia de ismaelitas vinha de Gileade; e seus camelos traziam especiarias, bálsamo, mirra e iam levá-los ao Egito.

Então Judá disse aos seus irmãos: Que proveito haverá que matemos a nosso irmão e escondamos o seu sangue?

Vinde e vendamo-lo a estes ismaelitas, e não seja nossa mão sobre ele; porque ele é nosso irmão, nossa carne. E seus irmãos obedeceram.

Passando, pois, os mercadores midianitas, tiraram e alçaram a José da cova, e venderam José por vinte moedas de prata, aos ismaelitas, os quais levaram José ao Egito." (Gênesis 37:18-28).

Uma decisão impensada ou no calor da emoção pode mudar seu destino de forma trágica e inseparável, portanto, não faça como fez os irmãos de José que, por inveja, ciúme e ódio, tomaram uma decisão de que eles se arrependeram amargamente, porque esta decisão afetou toda a família trazendo angústia, tristeza e muita dor. Então te aconselho a antes de tomar qualquer decisão, consulte em primeiro lugar Deus, o Criador e nosso Protetor, e em seguida, analise com cuidado todas as opções, e se tiver mais pessoas envolvidas nesta decisão, compartilhe com a pessoa e, juntos, tomem a decisão correta com a mente tranquila e com a alma calma.

Não esqueça que suas decisões mudarão o seu destino.

A MAIOR DAS DECISÕES

Ao falarmos de decisões que mudam o nosso destino, que mudam o nosso futuro, ao debruçar sobre este livro, percebemos diversas decisões que mudaram radicalmente o destino e o futuro daqueles que as tomaram, mudanças estas que, de acordo com as suas decisões muitos sofreram as amarguras das consequências das decisões, mal tomadas, mas também encontramos muitas decisões que mudaram a vida daqueles que as tomaram de maneira gloriosa. Mas existe uma decisão que é maior que toda e qualquer decisão, que é mais importante do que qualquer escolha, esta decisão, que eu chamo de a maior decisão é a que muda não somente o destino, não somente o futuro daqueles que a tomam, mas também muda o caráter, a forma de agir, a forma de pensar, a forma de viver e até a forma de ver a vida de uma forma diferente. Esta decisão, que eu chamo da maior decisão, foi tomada por muitos homens há mais de dois mil anos atrás e esta mesma decisão continua sendo tomada nos dias de hoje e também vem transformando vidas de maneira gloriosa.

Esta decisão que eu estou me referindo é a decisão de aceitar a Jesus como único e suficiente Salvador da sua vida. Para você entender o quanto esta decisão é grandiosa e poderosa, eu quero te mostrar o que esta decisão fez com um homem chamado Pedro, um simples pescador semianalfabeto de família pobre, que não tinha fama e nem conhecimento, se perguntasse pela cidade a respeito de Pedro, poucos saberiam falar dele, pois era um homem de família obscura, mas um dia comum como outro qualquer apareceu-lhes um homem chamado Jesus e este lhes convidou a deixar tudo e segui-lo, Pedro sem pensar duas vezes deixou a sua embarcação, deixou as suas redes, deixou o seu trabalho e seguiu a Jesus, se tornando então um dos maiores pregadores do Evangelho naquela época, no livro de Atos em seu capítulo 2, a Bíblia nos narra que Pedro em sua primeira pregação ganhou quase três mil almas para Jesus, em uma segunda narrativa em Atos capítulo de número 4, nos diz a Bíblia Sagrada que na segunda pregação de Pedro, quase cinco mil almas se renderam aos pés de Jesus.

Perceba que aquele homem de família obscura, que não tinha conhecimento, que não tinha fama, que não era grande na sociedade, era um desconhecido e vivia no anonimato, mas depois de tomar a grande decisão de servir e seguir a Jesus, a cidade em que ele habitava se tornou pequena, não existia fronteira em que o nome de Pedro não ultrapassasse, quem era desconhecido se tornou notório pelo simples fato de aceitar a Jesus como único e suficiente Salvador da sua vida. Diversos nomes da Bíblia tomaram a mesma decisão que Pedro e todos tiveram os seus destinos transformados, os seus futuros mudados, por isso, eu afirmo que esta é a maior e a melhor decisão que o ser humano pode e deve tomar. Existe uma composição de uma música do compositor Ozeias de Paula que fala a respeito dessa grandiosa decisão e eu quero compartilhar contigo a letra desta canção para que você entenda que todas as decisões mudam o seu destino, mas esta grande decisão muda o seu destino em vida aqui na Terra e também mudará o seu destino após a vida, esta grande decisão te levará de volta para casa, a grande cidade celestial que está preparada para você habitar naquele grande dia em que Cristo te chamar.

Glórias a Deus para sempre.

Letra da canção

(Ozeias de Paula)

De tanta coisa que andei fazendo
De quase todas me arrependi
Mas houve uma especial
Foi a mais certa que escolhi

A melhor coisa que eu já fiz
Em toda minha vida, salvou-me por um triz
Em aceitar Jesus, sinceramente foi
A melhor coisa que eu já fiz
Coisas erradas andei fazendo
Na condição de pecador
Mas quando achei-me desfalecendo
Tomei a decisão que me salvou
A melhor coisa que eu já fiz
Em toda minha vida, salvou-me por um triz
Em aceitar Jesus, sinceramente foi
A melhor coisa que eu já fiz.

Suas decisões mudam o seu destino.

Conclusão

A tomada de decisões é uma habilidade complexa que envolve tanto a razão quanto a emoção. Ignorar ou suprimir completamente nossos sentimentos pode levar a escolhas insensíveis, enquanto depender excessivamente das emoções pode resultar em decisões impulsivas. O equilíbrio entre razão e sentimento é essencial para tomar decisões informadas e alinhadas com nossos objetivos pessoais. Ao desenvolver a autoconsciência emocional e adotar estratégias de deliberação ponderada, podemos alcançar um equilíbrio saudável e tomar decisões mais assertivas e bem fundamentadas.

A tomada de decisões é uma habilidade crucial que nos acompanha em todas as esferas da vida, e reconhecer o papel das emoções nesse processo, é fundamental para alcançar resultados satisfatórios. Embora possamos pensar que nossas escolhas são puramente racionais, a realidade é que as emoções desempenham um papel significativo em nossos julgamentos e decisões.

Ao equilibrar a razão e o sentimento, somos capazes de tomar decisões mais abrangentes e bem fundamentadas. A autoconsciência emocional nos permite entender como nossas emoções podem influenciar nossas escolhas, permitindo-nos examinar nossos impulsos e tendências emocionais antes de agir.

A coleta de informações é outro aspecto crucial do processo decisório. Quanto mais conhecimento tivermos sobre as opções disponíveis, mais informadas serão nossas escolhas. A razão se beneficia de uma base sólida de dados e fatos, ajudando a evitar decisões precipitadas baseadas somente em sentimentos momentâneos.

No entanto, é importante lembrar que as emoções não devem ser ignoradas. Elas podem fornecer pistas valiosas sobre nossos desejos, valores e necessidades pessoais. Ao permitir-nos sentir as emoções associadas a cada alternativa, podemos avaliar melhor qual escolha está mais alinhada com nossa identidade e objetivos a longo prazo.

Além disso, simular mentalmente as diferentes opções nos permite antecipar nossas reações emocionais a cada cenário possível. Essa prática nos ajuda a visualizar os possíveis resultados de nossas escolhas e como elas afetarão nossas vidas. Isso contribui para uma decisão mais consciente e ponderada.

Por fim, buscar o conselho e a perspectiva de outras pessoas pode enriquecer nossa compreensão das diferentes opções. Ao ouvir diferentes pontos de vista, podemos nos libertar de vieses pessoais e tomar decisões mais bem informadas.

Em suma, o equilíbrio entre razão e sentimento é uma busca contínua ao longo da vida. Através da autoconsciência emocional, coleta de informações, deliberação ponderada, simulação mental e consulta a outros, podemos desenvolver a habilidade de tomar decisões mais equilibradas e satisfatórias.

Ao seguir essas abordagens, estamos nos capacitando a tomar decisões mais maduras e alinhadas com nossos valores e aspirações, aprimorando, assim, nosso bem-estar emocional e mental. Portanto, ao abraçar a interação entre a razão e as emoções, nos tornamos mais resilientes em enfrentar os desafios da vida e moldar nosso futuro de forma consciente e satisfatória.

A falta do equilíbrio entre a razão e a emoção nos leva a tomar decisões impensadas, assim como fez Ananias e Safira, é preciso buscar este equilíbrio para que nossas decisões não nos tragam resultados catastróficos, assim como foi com eles.

Percorrendo a Bíblia Sagrada, de Gênesis a Apocalipse, encontramos diversos personagens que tomaram decisões impensadas no calor da emoção, descartando, assim, o equilíbrio "razão e emoção". Quero citar alguns destes personagens que, por tomarem tais decisões, tiveram consequências catastróficas que mudaram seus destinos para sempre.

Vejamos em Gênesis, primeiro livro da Bíblia, o nosso pai Adão recebeu de Deus a ordem de cuidar e zelar de tudo que havia no jardim do Éden, jardim este criado por Deus para presentear o homem que o criara. Vale a pena ressaltar que quando a Bíblia relata que Deus ordenou a Adão que cuidasse e zelasse de tudo que havia no jardim, isso incluía cuidar da mulher, ou seja, cuidar de Eva. Gênesis 2:15-25 diz:

"Então o Senhor Deus pôs o homem no jardim do Éden, para cuidar dele e nele fazer plantações.

E o Senhor deu ao homem a seguinte ordem: Você pode comer as frutas de qualquer árvore do jardim, menos da árvore que dá o conhecimento do bem e do mal. Não coma a fruta dessa árvore; pois, no dia em que você a comer, certamente morrerá.

Depois o Senhor disse: Não é bom que o homem viva sozinho. Vou fazer para ele alguém que o ajude como se fosse a sua outra metade.

Depois que o Senhor Deus formou da terra todos os animais selvagens e todas as aves, Ele os levou ao homem para que pusesse nome neles. E eles ficaram com o nome que o homem lhes deu.

Ele pôs nomes nas aves e em todos os animais domésticos e selvagens. Mas para Adão não se achava uma ajudadora que fosse como a sua outra metade.

Então o Senhor Deus fez com que o homem caísse num sono profundo. Enquanto ele dormia, Deus tirou uma das suas costelas e fechou a carne naquele lugar.

Dessa costela o Senhor formou uma mulher e a levou ao homem.

Então o homem disse: Agora sim! Esta é carne da minha carne e osso dos meus ossos. Ela será chamada de 'mulher' porque Deus a tirou do homem.

É por isso que o homem deixa o seu pai e a sua mãe para se unir com a sua mulher, e os dois se tornam uma só pessoa.

Tanto o homem como a sua mulher estavam nus, mas não sentiam vergonha."

O grande erro de Adão foi tomar a decisão de descuidar de Eva, sua mulher, talvez você esteja se perguntando: "Mas descuidar como?". Bom, vejamos o que diz ainda no livro de Gênesis no seu capítulo 3 e versos de 1 a 6, que está escrito:

"A cobra era o animal mais esperto que o Senhor Deus havia feito. Ela perguntou à mulher: É verdade que Deus mandou que vocês não comessem as frutas de nenhuma árvore do jardim?

A mulher respondeu: Podemos comer as frutas de qualquer árvore, menos a fruta da árvore que fica no meio do jardim. Deus nos disse que não devemos comer dessa fruta, nem tocar nela. Se fizermos isso, morreremos.

Mas a cobra afirmou: Vocês não morrerão coisa nenhuma! Deus disse isso porque sabe que, quando vocês comerem a fruta dessa árvore, os seus olhos se abrirão, e vocês serão como Deus, conhecendo o bem e o mal.

A mulher viu que a árvore era bonita e que as suas frutas eram boas de se comer. E ela pensou como seria bom ter entendimento. Aí apanhou uma fruta e comeu; e deu ao seu marido, e ele também comeu." (Gênesis 3:1-6).

Então, eu te pergunto, onde estava Adão quando Eva estava conversando com a serpente? Eva não deveria estar na companhia de Adão? Adão se descuidou de Eva não dando a devida atenção à mulher que tinha, isso é uma decisão de negligenciar suas responsabilidades, muitos não veem desta forma, mas repare no texto e no contexto e você verá isso. Eva estava conversando com a serpente porque não tinha mais com quem conversar, porque Adão não estava, por algum motivo, na sua companhia, e isso não é uma tese minha e sim o que diz o próprio Deus, veja como está escrito:

"Naquele dia, quando soprava o vento suave da tarde, o homem e a sua mulher ouviram a voz do Senhor Deus, que estava passeando pelo jardim. Então se esconderam dele, no meio das árvores.

Mas o Senhor Deus chamou o homem e perguntou: Onde é que você está?

O homem respondeu: Eu ouvi a tua voz, quando estavas passeando pelo jardim, e fiquei com medo porque estava nu. Por isso me escondi.

Aí Deus perguntou: E quem foi que lhe disse que você estava nu? Por acaso você comeu a fruta da árvore que eu o proibi de comer?"

Perceba que Deus não cobra satisfação a Eva e sim a Adão, pois foi ele que recebeu de Deus o dever de cuidar e zelar de tudo que havia no jardim, precisamos tomar muito cuidado com as nossas responsabilidades, porque negligenciar é tomar a decisão de abandonar, desvalorizar, abrir mão do que se tem. A decisão de Adão teve como consequência a decisão de Eva que decidiu desobedecer ao Criador e dar ouvido à voz da serpente e as decisões de ambos mudaram o destino de toda a humanidade.

Lembre-se, algumas das suas decisões mudarão não somente o seu destino, mas também o destino de muitos a sua volta.

Djair Daltro nasceu em 18 de julho de 1975. É casado com a Josilene Daltro (esposa, amiga e confidente), e pai de uma filha, Jeiselene Daltro (filha, amiga e companheira). Djair é pastor evangélico, possui bacharel em Teologia. Também atua como Psicanalista Clínico, Juiz de Paz, Terapeuta Familiar e é especializado em Perícia Grafotécnica. Também é autor do livro *Uma lágrima para Deus é uma frase*.

Vive uma vida de propósitos, alicerçados no tripé: Deus, família e ministério. O tripé, segundo relata Djair, é o que sustenta e mantém a sua saúde mental, física e emocional em perfeito estado.

Deus é o centro da minha existência

www.ingramcontent.com/pod-product-compliance
Lightning Source LLC
LaVergne TN
LVHW091223150826
845673LV00003B/992